세계 여러 나라에는 각 나라마다 특징적인 음식이 있습니다. 예를 들면 우리나라에 여행을 온 외국인은 김치나 비빔밥, 불고기 등에서 '한국다움'을 느낀다고 해요. 그럼 미국다운 음식은 무엇일까요? 중국다운 음식에는 어떤 것이 있을까요? 멀리 떨어진 남반구의 섬이나, 겨울에는 깊은 눈으로 덮이는 북극 근처 나라에 사는 사람들은 어떤 음식을 먹으며 살까요? 이 책은 세계 여러 나라에서 먹는 다양한 음식을 소개합니다. 여러분이 아는 음식은 얼마나 만날 수 있을까요? 그럼, 세계의 음식을 발견하는 여행을 떠나요!

✿ 음식의 이름은 각국 원어 및 영어명을 기준으로 표준국어대사전과 외래어표기법을 참고하여 정리하였습니다.
   음식의 원어 및 영문명은 천개의바람 블로그에서 확인하실 수 있습니다. (https://blog.naver.com/athousandhope)

✿ 음식의 이름은 처음 등장할 때만 작은따옴표를 붙였습니다.

세계를 한눈에, 각양각색 세계 음식

펴낸날 초판 1쇄 발행 2022년 7월 15일 | 초판 3쇄 발행 2025년 8월 1일

글 마츠모토 리에코 | **그림** 다케나가 에리 | **옮김** 김소연
편집 김다현 | **디자인** 로테의책 | **홍보마케팅** 이귀애 이민정 | **관리** 최지은 강민정
펴낸이 최진 | **펴낸곳** 천개의바람 | **등록** 제406-2011-000013호
주소 서울시 영등포구 양평로 157, 1406호 | **전화** 02-6953-5243(영업), 070-4837-0995(편집) | **팩스** 031-622-9413
ISBN 979-11-6573-261-5 73380

WAKU WAKU HAKKEN! SEKAI NO RYORI
Copyright © ERI TAKENAGA 2018
Korean translation rights arranged with
KAWADE SHOBO SHINSHA Ltd. Publishers
through Japan UNI Agency, Inc., Tokyo and JM Contents Agency Co., Seoul

이 책의 한국어판 저작권은 JM Contents Agency를 통한 저작권자와의 독점 계약으로 천개의바람 출판사에 있습니다.
저작권법에 의하여 한국 내에서 보호를 받는 저작물이므로 무단전재 및 복제를 금합니다.

✽ 잘못 만든 책은 구입하신 서점에서 바꾸어 드립니다. 천개의바람은 환경을 위해 콩기름 잉크를 사용합니다.
✽ 종이에 베이거나 긁히지 않도록 조심하세요. 책 모서리가 날카로우니 던지거나 떨어뜨리지 마세요.

제조자 천개의바람 **제조국** 대한민국 **사용연령** 8세 이상

각양각색 세계 음식

세계를 한눈에

마츠모토 리에코 글 | 다케나가 에리 그림 | 김소연 옮김

천개의바람

아시아·오세아니아

몽골 P.10

와아, 박쥐가 든 수프를 먹고 있어! 저건 어느 나라일까?

인도 P.4

아시아, 오세아니아는 매우 넓은 지역입니다. 그만큼 나라의 수도 많고, 구할 수 있는 식재료나 사람들의 생활 모습도 크게 달라요. 많은 사람이 세계 3대 음식 중 하나로 알고 있는 태국 음식부터, 오세아니아 작은 섬 나라의 진귀한 음식까지, 여러 가지 음식이 있답니다.

인도

세계에서 일곱 번째로 큰 나라로, 남아시아에 있어요. 기원전 3000년경, 세계 4대 문명 중 하나인 인더스 문명이 시작되었어요. 많은 민족이 있고, 언어도 종교도 제각각이에요.

북인도 가정에서 흔히 먹는 주식
차파티

인도 요리는 크게 북인도 요리와 남인도 요리로 나뉘어요. 북인도의 주식은 '차파티'로, 얇게 펴서 부치는 빵이에요. '아타'라고 부르는 통밀가루로 만들지요. 통밀가루는 껍질이 붙어 있는 밀을 통째로 가루로 만든 건데, 옅은 갈색을 띱니다. 식당에서는 폭신하게 부푼 '난'도 먹지만, 가정에서는 차파티를 더 자주 먹어요.

인도에서는 오른손만 사용해서 먹어야 해. 왼손은 더럽다고 여기거든. 한 손으로 차파티를 능숙하게 뜯어서, 카레 같은 국물에 적셔서 먹어.

라씨

마시는 요구르트예요. 설탕이나 꿀로 달게 만든 뒤, 차갑게 식혀서 먹지요. 인도 요리는 고추나 후추, 터메릭, 커민 등 향신료를 많이 쓰는 게 특징이에요. 매운 음식도 많아서, 매운맛을 부드럽게 해주는 달콤한 음료를 식사와 함께 즐겨 마셔요.

매운 음식에 곁들이면 안성맞춤

식욕을 돋우는 밥
비리야니

남인도의 주식은 쌀이에요. 알갱이가 길쭉하고 수분이 적은 쌀로, '인디카 쌀'이라고 불리지요. 익힌 쌀도 포슬포슬해서 국물이 많은 음식에 잘 어울려요. '비리야니'는 향신료를 넣어 지은 밥이에요. 다양한 맛과 재료의 비리야니가 있어요.

영양 만점의 채소 코코넛 무침
콜라 말룽

다진 채소를 고추 등의 향신료, 코코넛과 무쳐서 만들어요. 코코넛은 열매의 흰 부분을 깎아서 먹지요. 주로 '벌새잎'이라는 채소를 사용하는데, 칼슘과 비타민, 철분이 많이 들어 있어요. 스리랑카는 남인도와 가까워 식문화도 비슷해, 향신료나 코코넛을 요리에 많이 사용하지요. 특히 '세계에서 가장 매운 요리 중 하나'라는 말을 들을 정도로 고추를 많이 쓴답니다. 코코넛은 단맛이 있어 매운 음식과 잘 어울리지요.

스리랑카

인도양의 섬나라예요. 섬이 물방울처럼 생겨서 '인도양의 진주'라고 불리지요. 열대지방이지만 고원은 서늘하고, 자연도 풍요로워요.

스리랑카는 저녁 식사에 채소를 사용한 반찬을 많이 먹어. 어느 반찬이나 향신료가 듬뿍 들어가지. 수북하게 담은 밥과 함께 먹어.

코코넛 덕분에 매운맛이 줄어드네.

벌새잎

코코넛 풍미의 크레이프
호퍼

쌀가루에 코코넛 밀크를 섞어 반죽을 만든 뒤, 크레이프처럼 얇게 구운 음식이에요. 반찬과 함께 먹지요. 바깥쪽은 바삭바삭하고, 중심부는 쫄깃쫄깃한 식감이에요. 어느 가정에나 '호퍼' 전용 프라이팬이 있다고 할 정도로 많이 먹지요.

네팔
인도와 중국 사이에 있어요. 히말라야산맥과 가깝고, 수도는 해발 5000미터의 고지대에 있지요. 문화적으로 인도와 중국의 영향을 받았어요.

네팔에서 가장 많이 먹는 음식
달 바트

'달'은 '콩 수프', '바트'는 '밥'이라는 뜻이에요. 달에는 흔히 렌즈콩, 검은콩, 황두, 녹두 등을 사용해요. 가정에서도 흔히 먹지만, 레스토랑에서도 인기랍니다. 가게에서는 달과 바트에 '타르카리'라는 고기나 채소 반찬과 '아차르'라는 절임 음식이 4종 세트로 쟁반 같은 접시에 담겨서 나와요. 인도 요리와 비슷하지만, 향신료는 강하지 않기 때문에 별로 맵지 않고 산뜻한 맛이 나요.

- 달
- 아차르
- 타르카리
- 바트

레스토랑에서 먹는 달 바트는 일종의 정식이야. 현지 사람들은 수프를 밥에 끼얹어 손가락 끝으로 섞으며 손으로 먹는다고 해.

질링가
풍년을 축하하는 축제나, 네팔 사람들이 믿는 힌두교의 축제 때 만들어요. 쌀가루에 빨간색이나 노란색 등의 색소를 섞어 반죽하고, 실처럼 가늘게 만들지요. 실 같은 반죽을 소용돌이 모양으로 만들어 기름에 바삭하게 튀겨요.

축제에 먹는 특별한 과자

티베트에서 온 찐만두
모모

네팔은 티베트와 가깝기 때문에 티베트 음식도 많이 먹어요. '모모'는 밀가루 피에 다진 고기와 다진 채소를 싼 뒤 쪄서, 양념장을 발라 먹지요. 양념장은 토마토 맛, 참깨 맛, 땅콩 맛 등이 있어요. 찌는 것 외에 삶거나 기름에 튀긴 모모도 있습니다.

방글라데시의 대표적인 채소 음식
바르타

채소를 부드럽게 데쳐서 으깨, 머스터드 오일과 소금, 향신료로 버무린 음식이에요. 감자나 가지, 오이를 많이 쓰지만 콩이나 생선으로 만든 '바르타'도 있어요. 방글라데시에서는 머스터드 오일이나 으깬 머스터드를 많이 사용해요. 머스터드는 겨자의 씨인데, 톡 쏘는 매운맛과 강렬한 향이 특징이에요. 씨에서 기름을 짜서 얻은 머스터드 오일은 맵지 않고 상큼한 향이 난답니다.

방글라데시
남아시아에 있는 나라로, 서쪽에 인도가 있어요. 갠지스강을 이용한 벼농사가 발달했지요. 많은 이슬람 사원이 늘어서 있는 '모스크 도시'가 있어요.

방글라데시에서는 채소 요리를 많이 먹어. 이건 여러 종류의 바르타를 접시에 보기 좋게 담은 그림이야.

국민 생선, 힐사 요리
머스터드 힐사

힐사는 강에 사는 청어과의 물고기예요. 방글라데시의 '국민 생선'이라고 할 정도로 많이 먹지요. 요리법도 다양한데, 머스터드 오일에 구워 머스터드 소스를 뿌린 방식이 가장 인기 있어요.

갠지스강은 크고, 영양분이 풍부해. 그래서 물고기가 잘 자라는 거지!

힐사

파키스탄

남아시아에 있는 나라로, 동쪽에 인도가 있어요. 옛날에는 방글라데시와 같은 나라였지요. 사계절이 있으며, 여름에는 덥고 습하고 겨울에는 서늘하고 건조해요.

양이나 소의 뇌로 만든
브레인 마살라

북동부의 펀자브주는 인도와 가까워 향신료를 넣고 푹 끓인 음식이 많아요. 맵고 간이 세지요. '브레인 마살라'는 양이나 소의 뇌를 여러 가지 향신료로 졸인 고급 음식이에요. 파키스탄은 이슬람교를 믿기 때문에 돼지고기는 먹지 않아요. 인기가 많은 음식이라서, 브레인 마살라용 향신료를 슈퍼에서도 살 수 있지요.

뇌를 먹을 수 있단 말이야? 하지만 고급 음식이라고 하니까 맛있을 것 같아!

뇌는 부드러워서 부서지지 않도록 살살 졸여야 해. 기름에 튀기고 나서 졸이는 방법도 있지.

갓 구운 게 바삭바삭하고 맛있는
파라타

밀가루 반죽에 기름을 넣고 탄두르라는 화덕에서 구운 음식이에요. 파이처럼 얇은 반죽이 겹쳐 있지요. 잼이나 꿀을 발라 홍차와 함께 먹고, 향신료가 들어 간 반찬과 먹을 때도 있어요.

중국에서는 보통 삶아 먹는
교자

밀가루 피에 다진 고기와 다진 양파, 양배추 등의 채소를 싼 중국의 만두를 '교자'라고 해요. 간장이나 식초 등의 소스에 찍어서 먹지요. 찌거나 기름에 튀기기도 하지만, 중국에서는 보통 물에 삶아 먹어요. 중국의 한족은 전 세계에 살고 있고, 각지에 중국 요리를 전했어요. 특히 아시아에는 중국 음식과 비슷한 음식이 많지요. 교자도 러시아와 몽골, 네팔, 튀르키예 등에 조금씩 형태를 바꾸어 전해졌어요.

남부의 광둥성에서는 차에 교자, 사오마이, 고기만두, 참깨 경단 등을 곁들여 먹는 '음차'라는 풍습이 있어.

중국
세계에서 인구가 가장 많은 나라예요. 기원전 5000년경부터 문명이 발생했지요. 약 90%는 한족이고, 그 외에 55개의 소수 민족이 살아요.

마파의 '마'는 한자로 '저리다'는 뜻이 있대!

매운 두부와 다진 고기를 이용한 쓰촨요리
마파두부

중국 내륙의 쓰촨요리는 매운맛이 강한 게 특징이에요. '마파두부'에는 산초와 두반장이라는 조미료를 사용해요. 산초가 많이 들어 있어서, 혀가 얼얼할 정도로 매워요.

바삭바삭한 껍질이 맛있는 궁중 요리
베이징 덕

수도 베이징에는 궁중에서 먹었던 음식이 많아요. '베이징 덕'은 오븐에서 오리 한 마리를 통째로 구워 낸 호화로운 음식이지요. 얇은 껍질 부분을 잘라내어, 잘게 채썬 채소를 싸서 먹어요.

몽골
중국과 러시아 사이에 있어요. 국토의 대부분이 초원이지요. 사람들은 양이나 염소, 말 등을 키우며, 목초를 찾아 이동하는 유목 생활을 해요.

겨울에 자주 먹는 대표적인 '붉은 음식'
차나산 마흐

채소나 과일이 적은 몽골에서는 키우는 동물도 귀중한 식재료예요. 영양을 더하기 위해 여름에는 동물의 젖이나 치즈 등의 '하얀 음식'을 먹어요. 겨울에는 고기나 내장, 피 등의 '붉은 음식'을 먹지요. '차나산 마흐'는 뼈에 붙은 고기를 소금으로 간을 해서 삶은 음식이에요. 손으로 들고 뜯어 먹거나, 나이프로 고기를 잘라서 먹어요.

> 고기를 먹어 비타민이나 미네랄을 섭취하는 거야.

> 지금은 마을에서 채소도 살 수 있고, 슈퍼나 패스트푸드점도 있어.

소나 양의 젖으로 만든 치즈
아롤

우유를 발효시켜 만든 치즈예요. 햇볕에 말려 건조시킨 '아롤'은 딱딱하고, 조금 노르스름하지요. 오래가도록 건조했기에, 식재료가 적을 때 먹어요.

육수에 재운 고기 찜
아도보

필리핀 요리에는 토마토, 양파, 마늘 등을 사용한 찜 요리가 많아요. '아도보'는 스페인어로 '양념 소스'라는 뜻이에요. 닭고기나 돼지고기를 향신료, 마늘 등에 재워 새콤달콤하게 졸인 반찬이지요. 필리핀의 주식은 찰기가 적은 인디카 쌀밥으로, 반찬을 얹어 먹는 경우가 많습니다. 왼손에는 포크, 오른손에는 숟가락을 들고 식사해요.

필리핀

남중국해의 크고 작은 7000개 이상의 섬으로 이루어진 나라예요. 옛날에 스페인의 지배를 받아 스페인 문화가 강하게 남아있지요. 세부섬이 바다가 아름답기로 유명해요.

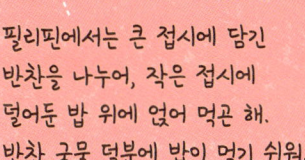

필리핀에서는 큰 접시에 담긴 반찬을 나누어, 작은 접시에 덜어둔 밥 위에 얹어 먹곤 해. 반찬 국물 덕분에 밥이 먹기 쉬워.

할로할로

'할로할로'는 '뒤섞다'라는 뜻이에요. 하루에 두 번 있는 간식 시간인 '메리엔다'에 잘게 부순 얼음, 과일, 나타 데 코코, 달게 졸인 콩이나 감자, 아이스크림 등을 수북하게 담은 할로할로를 휘저어 먹지요.

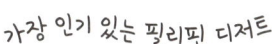

가장 인기 있는 필리핀 디저트

매일 먹는 해산물 수프
시니강

어패류나 고기를 넣어 만드는 신맛이 나는 수프예요. 더운 나라이기 때문에, 음식이 썩지 않도록 코코넛으로 만든 식초나 레몬 등의 신 과일을 많이 사용해요. 그 외에는 생선을 발효시킨 '파티스'라는 간장이나, 새우를 발효시킨 '바고옹' 등이 양념에 사용된답니다.

베트남

인도차이나반도의 동부에 있는, 남북으로 길쭉한 나라예요. 메콩강과 홍강이 흐르며, 농사에 알맞은 삼각주가 펼쳐져 있습니다. 특히 벼농사가 활발해요.

쌀가루로 만든 산뜻한 맛의 국수
퍼

베트남에서는 1년에 두 번 쌀을 수확해요. 쌀이 주식이며, 밥으로 먹는 것 외에 쌀가루를 '퍼'나 '분'이라는 국수로 만들어 먹기도 하지요. 퍼는 산뜻한 육수에 먹는 국수예요. 북부는 닭고기, 남부는 쇠고기로 육수를 내지요. 거기에 생선을 발효시켜 만든 간장인 '느억맘'으로 맛을 더해요. 고수 등의 향신료와 파 같은 채소를 듬뿍 얹어서 먹어요. 고추나 레몬, 라임을 짜서 즙을 넣어도 맛있어요.

쩨

따뜻한 '쩨'와 차가운 쩨가 있어요. 쩨에는 바나나나 타피오카 펄이 들어 있지요. 녹두나 감자, 옥수수, 찹쌀떡을 넣기도 해요.

타피오카 펄이 들어 있는 베트남식 팥죽

베트남에서는 아침에 노점에서 면류를 먹는 사람이 많아. 닭고기나 쇠고기, 그 외에 새우나 생선 등 여러 가지 재료를 넣어 먹어.

탱글탱글한 새우를 싼 베트남식 스프링 롤
고이 꾸온

쌀가루 반죽을 종이처럼 얇게 편 '반짱'에 삶은 새우, 당면, 채소 등의 재료를 싼 음식이에요. 소스에 찍어서 먹어요. 기름에 튀긴 스프링 롤 '짜조'도 인기예요.

세계 3대 수프 중 하나
똠얌꿍

태국 요리는 하나의 음식에 '맵고 달고 시고 짠' 네 가지 맛이 들어 있다고 해요. 전국적으로 매운 음식이 많지만, 그중에서도 남부는 매운맛이 가장 진하지요. '똠얌꿍'은 그 대표 음식으로, 맵고 신 새우 수프예요. 고추와 레몬그라스 허브, 생선으로 만든 간장 '남플라'로 양념하지요. 새우 대신 닭고기나 흰살생선을 사용할 때도 있어요.

태국
인도차이나반도의 중부에 있어요. 평야에는 논이 많고, 농업이 발달해 쌀 수출량이 세계 2위지요. 옛날부터 중국, 인도와 관계가 깊었어요.

> 테이블에는 남플라나 그래뉴당, 고추, 식초 4종 세트가 놓여 있어. 모두 자기가 좋아하는 맛으로 만들어서 먹지.

똠은 '졸인다', 얌은 '섞는다', 꿍은 '새우'라는 뜻이야. 고수는 독특한 향이 나는 향신료인데, 생으로 넣어서 먹어.

쌀가루 면으로 만드는 태국의 볶음국수
팟타이

면류는 태국에서 가볍게 먹을 수 있는 대표 음식이에요. 쌀가루로 만든 면이 많고, 국물이 있는 음식으로 만들거나 볶음국수로 만들기도 하지요. '팟타이'는 굵은 면을 사용해 새우나 돼지고기, 숙주, 부추 등과 함께 볶은 음식이에요. 남플라나 고추로 양념하지요.

말레이시아

말레이반도의 남부와 보르네오 섬 북부로 이루어진 나라예요. 말레이계, 중국계, 인도계 외에 소수 민족도 사는 다민족 국가입니다.

땅콩 소스와 함께 먹는 닭꼬치
사테

소스에 재운 고기를 꼬치에 꿰어 구운 음식이에요. 꼬치에 꽂은 고기는 하나하나가 자그마하지요. 닭고기나 쇠고기, 양고기를 사용하는데, 인구의 반 이상을 차지하는 말레이계 사람들은 주로 이슬람교를 믿어 돼지고기는 먹지 않아요. '사테'는 노점에서도 팔아서 갓 구운 것을 간편하게 먹을 수 있지요. 취향에 따라 매콤달콤한 땅콩 소스를 찍어 먹어요.

> 야자나무 잎으로 싸서 찐 찹쌀 경단, '크투팟'과 함께 먹을 때도 많아.

> 많은 민족이 있어서 식문화도 풍부하구나. 여러 가지를 먹을 수 있어서 좋다~

좋아하는 재료를 넣어서 먹는 중국식 전골
스팀보트

말레이시아 인구의 4분의 1은 중국계 사람들이라, 중국식 요리도 많아요. '스팀보트'는 고기나 생선, 채소, 두부 등을 이용한 전골 요리예요. 말레이시아는 적도에 가까워 1년 내내 덥기 때문에, 땀을 흘리면서 스팀보트를 먹지요.

식사에 빼놓을 수 없는 반찬
김치

소금에 절인 무나 배추 등을 '양념'에 버무린 뒤 발효시킨 음식을 '김치'라고 해요. 종류가 많아 200종류 가까이 있지요. 배추김치는 소금에 절인 배추에 채친 무나 쪽파 등의 재료와 양념을 버무려 독에서 익혀요. 양념은 고추와 마늘, 소금, 젓갈 등으로 만들지요. 가을이 끝날 때쯤 김치를 담그는 문화를 '김장'이라고 해요. 김장은 2013년에 유네스코 무형문화유산으로 등록되었답니다.

한국
한반도 남부에 있으며, 약 5000만 명 이상이 살고 있어요. 산지가 많고 평야가 적어서 도시에 많은 사람이 살지요. 인삼과 청자가 유명해요.

간식 — 화전
음력 3월 3일에 먹었던 전통 간식이에요. 찹쌀 반죽을 얇게 부쳐, 제철 꽃으로 장식하거나 대추, 쑥갓 등으로 꽃처럼 장식하면 완성이지요.

제비가 돌아오는 삼짇날에 먹는 꽃떡

고추를 사용하지 않는 백김치는 맵지 않아. 수분이 많은 물김치나 어패류를 사용한 김치도 있어.

매콤달콤한 양념이 밴 고기 요리
불고기

한반도에는 중국에서 고기를 먹는 문화가 전해졌고 그 문화가 오래 이어져 왔어요. 그 때문에 고기 요리 종류가 풍부하지요. '불고기'는 한국식 고기 요리로, 매콤달콤한 양념에 재운 고기를 물기가 많게 냄비에 볶아요. 마늘이나 김치를 얹어, 상추 등의 채소에 싸서 먹어요.

인도네시아

동남아시아 남부의 1만 8천 개의 섬으로 이루어진 나라예요. 그중 6000개 이상의 섬에 사람이 살지요. 적도 바로 아래에 있어서 1년 내내 덥고 비가 많이 와요.

> 쌀이 주식이야.
> 인도네시아는 쌀농사가 활발해서, 세계 3위의 생산량을 자랑해.

독특한 맛과 향의 볶음밥
나시 고렝

'나시 고렝'의 나시는 '밥'이라는 뜻이에요. 고렝은 '기름에 튀기다, 볶다'라는 뜻이지요. 독특한 조미료로 양념해, 매콤하면서도 달콤한 맛이 나요. '삼발'이라는 소스를 취향껏 넣어서 먹어요. 삼발은 고추, 적양파, 마늘 등에 토마토, 새우로 만든 간장인 '트라시', 소금, 후추를 넣어 으깬 소스입니다.

> 템페는 바나나 잎에 싸서 시장에서 팔고 있어.

콩을 발효시킨 건강식
템페

콩을 삶아 발효시킨 음식이에요. 한국의 '메주'처럼 '템페'도 콩을 발효시켜 벽돌 모양으로 굳혔지요. 끈적끈적하지 않고, 길게 실이 늘어지지도 않아요. 기름에 튀기거나, 잘게 잘라 볶거나, 조림에 넣는 등 여러 가지 음식에 사용해요.

원주민들이 오랫동안 사랑한
캥거루 고기

'캥거루 고기'는 부드러움이 적고 근육의 바탕이 되는 단백질이 많아요. 그 때문에 건강에 좋은 식재료로 인기가 높아지고 있지요. 호주의 원주민들은 옛날부터 캥거루나 에뮤 고기를 먹어 왔어요. 한때 유럽의 문화가 강해지면서 원주민의 문화가 약해졌지만, 지금은 전통문화로 다시 주목받기 시작했어요.

호주
남반구의 태평양에 있는 큰 나라예요. 남쪽에는 태즈메이니아섬이 있어요. 옛날부터 원주민인 애버리진이 살고 있었지만, 18세기부터 유럽인이 많이 이주해 살기 시작했어요.

캥거루 고기를 스테이크로 만들거나, 덩어리째 구워서 얇게 썰어 먹기도 해.

에뮤

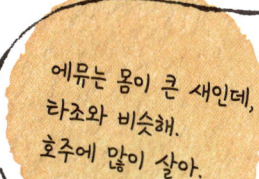

에뮤는 몸이 큰 새인데, 타조와 비슷해. 호주에 많이 살아.

간식

패블로바
달걀흰자를 거품 내어 오븐에 구운 머랭에, 생크림을 듬뿍 얹은 디저트예요. 겉은 바삭바삭하고 속은 폭신하지요. 이웃 나라인 뉴질랜드와 어느 나라가 이 케이크를 발명했는지를 두고 싸운 적도 있어요.

구름 같은 머랭 케이크

피지

남태평양에는 작은 섬들이 많이 있어요. 지역에 따라 미크로네시아, 멜라네시아, 폴리네시아로 나뉘지요. 피지는 멜라네시아의 동쪽 끝에 위치한 섬이에요.

피지에 전해지는 찜 구이
팔루사미

피지는 멜라네시아와 폴리네시아의 문화가 섞여 있어요. 감자류나 코코넛을 많이 먹지요. '팔루사미'는 크림 형태의 코코넛 밀크와 양파를 섞은 것을 타로 잎으로 싸서 찐 음식이에요. 이 지방에 전해지는 전통적인 조리법, '로보'로 만들어요.

피지의 전통 음식이지만, 폴리네시아의 사모아에서도 먹어.

여기를 주목!

자연의 힘을 이용한 오븐 '로보'

로보는 폴리네시아 등의 나라나 지역에서 널리 이용되는 조리법이에요. 흙에 구멍을 파고 거기에 돌을 깐 후 불을 지피지요. 뜨거워진 돌 위에 타로 잎이나 바나나 잎으로 싼 고기나 감자를 올려놓고, 그 위에 또 나뭇잎을 덮어요. 몇 시간 그대로 기다리면, 찜 구이가 완성되지요.

꾸러미를 열면 코코넛 향이 나고, 고기나 감자는 폭신폭신하고 따끈따끈하대~

게살 코코넛 밀크 졸임
우카에브

팔라우는 열대지방으로, 습지대에 맹그로브라는 나무로 이루어진 숲이 있어요. 맹그로브 숲에는 게가 있어서 사람들은 그 게를 잡아먹지요. 10센티 정도의 작은 뭍게는 한 마리만 먹으면 배가 부르지 않기 때문에 몇 마리를 한꺼번에 먹을 때가 많아요. '우카에브'는 뭍게 7~8마리분의 살을 발라내어 하나의 등딱지에 넣고 코코넛 밀크로 끓인 음식이에요.

팔라우
태평양 미크로네시아 지역의 섬들로 이루어진 나라예요. 스페인과 독일, 일본, 미국의 지배를 받은 적이 있어 문화가 섞여 있어요.

뭍게

완성된 모습은 게살을 하얀 크림으로 싼 느낌이야. 코코넛 밀크 냄새가 식욕을 돋우지.

지금은 좀처럼 먹을 수 없는 고급 수프
박쥐 수프

과일을 먹는 박쥐인 과일박쥐는 지역 사람들에게 인기 있는 재료예요. 20센티 정도 크기의 박쥐가 날개를 편 모양 그대로 수프가 되어 나오지요. 팔라우에서는 저녁이 되면 공기총이나 고무총을 든 남자들이 박쥐를 잡으려고 찾아다니는 것을 볼 수 있어요.

과일박쥐는 지금은 고급 식재료야. 사람들이 너무 많이 잡아서, 수가 줄었거든.

유럽에는 애프터눈 티 문화로 알려진 영국이나 풀코스 요리로 유명한 프랑스가 있습니다. 우리나라와 교류하는 나라도 많아서, 우리나라에서 흔히 볼 수 있는 음식도 간간이 있어요. 평소에 먹는 음식의 고향이 어디인지 알 수 있을지도 몰라요.

P.22 스웨덴
P.34 노르웨이
P.26 헝가리
P.30 러시아
P.35 체코
P.31 우크라이나
P.33 독일
P.25 오스트리아
P.32 스페인
P.24 이탈리아
P.29 포르투갈
P.23 프랑스

21

스웨덴
스칸디나비아반도 동쪽에 있는 남북으로 긴 나라예요. 국토의 대부분은 삼림이나 호수지요. 수도 스톡홀름은 아름다운 물의 도시로 유명해요.

스웨덴식 미트볼
셰트불라르

어느 가정에서나 먹는 스웨덴 고향의 맛이에요. 크림을 넣은 소스를 뿌리고, 삶은 감자나 월귤잼 등과 함께 먹는 것이 대표적인 식사법이지요. 스웨덴 남동부에서는 밀과 감자가 재배되고, 여러 음식에 곁들이는 음식으로 감자를 많이 이용해요. 숲에서는 라즈베리나 월귤 등의 과일을 얻을 수 있어요.

> 숲에서 따 온 월귤을 각 가정에서 잼으로 만들어. 잼이라고 해도 달지 않고, 신맛이 나. 향신료가 강한 미트볼에 안성맞춤이지.

> 우아~ 냄새가 엄청나! 하지만 먹을수록 더 먹고 싶어져~!

냄새에 깜짝! 청어 통조림
수르스트뢰밍

'스트뢰밍'은 발트해에서 잡히는 작은 청어예요. '수르스트뢰밍'은 스트뢰밍을 발효시켜 통조림으로 만든 음식인데 '세계에서 가장 냄새나는 음식'이라고 해요. 통조림 상태로 15℃ 정도에서 반년쯤 지난 것이 먹기 좋을 때지요. 삶은 감자를 곁들여 먹어요.

메밀가루로 만든 크레이프
갈레트

브르타뉴 지방의 향토 음식이에요. 브르타뉴는 대서양과 영국 해협에 튀어나와 있는 반도로, 영국에서 온 켈트인의 문화가 강한 지역이에요. 메밀이 잘 자라서 많이 먹어 왔지요. '갈레트'는 소금 간을 한 메밀 반죽을 얇게 구운 뒤 치즈나 달걀, 햄, 채소 등을 올리고, 반죽의 네 면을 접은 음식이에요. 디저트가 아니라 식사로 먹지요.

프랑스
대서양, 지중해 등에 접해 있는 유럽 서부의 나라예요. 나라의 모양이 육각형에 가까워서, 여섯 방향에서 여러 문화를 받아들여 왔지요.

가벼운 식사로 갈레트만 먹기도 하고, 수프나 전채 요리, 디저트 등과 조합하여 코스 요리의 하나로 먹기도 해.

입에 넣으면 메밀 향이 확 퍼져서 향긋해.

해산물 가득한 전골
부야베스

어패류를 향이 좋은 채소와 함께 끓인 전골 요리예요. 지중해에 가까운 프로방스 지방의 도시 마르세유에서 만들어졌지요. 옛날에는 지중해에서 잡힌 생선이나 조개를 큰 냄비에 가득 넣고, 소금으로 간을 했을 뿐인 호화로운 '어부의 식사'였어요. 지금은 토마토나 셀러리, 양파, 마늘, 향이 좋은 향신료 등을 사용해 깊은 맛이 나는 수프로 끓여요.

어패류를 1~2시간 동안 보글보글 끓여 육수를 내지.

이탈리아

지중해에 튀어나와 있는 장화 같은 모양의 나라예요. 옛날부터 그리스인 등이 정착해 살았고, 식문화를 비롯해 여러 가지 문화가 생겨났어요.

토마토소스나 크림소스를 얹어서 먹기도 하고, 수프에 넣기도 하고, 화이트소스와 함께 치즈를 뿌려 굽기도 하는 등, 파스타에 따라 먹는 방법도 달라.

모양도 먹는 방법도 여러 가지
파스타

이탈리아에서는 밀가루로 만든 식품을 모두 '파스타'라고 불러요. 우리나라에서 많이 먹는 가늘고 긴 면의 스파게티도 파스타의 일종이에요. 그 외에도 구멍이 뚫린 '마카로니'나 통 모양인 '펜네', 나비 모양인 '파르팔레', 나사 모양의 '푸실리', 귓불 모양인 '오레키에테', 폭이 넓은 판자 모양인 '라사냐' 등이 있어요. 밀가루와 삶은 감자를 반죽해서 작게 뭉친 '뇨키'도 파스타의 친구지요.

마카로니 펜네 파르팔레
푸실리 오레키에테
라사냐

남이탈리아에는 건조 파스타가 많고, 북이탈리아에는 수타로 만든 생파스타가 많대.

여러 가지 재료를 얹어서 즐거운
피자

얇게 편 반죽에 토마토소스나 치즈, 채소, 살라미, 어패류 등을 얹어 화덕이나 오븐에서 구운 음식이에요. 남이탈리아의 도시 나폴리에서 만들어졌다고 하지요. 특히 '피자'를 반으로 접은 '칼초네'나, 밀가루 반죽에 기름을 발라 구운 빵인 '포카치아'는 역사가 길어요.

궁중 요리의 흐름을 잇는 커틀릿
슈니첼

쇠고기 등을 얇게 펴서 밀가루, 달걀, 빵가루로 옷을 입히고, 버터나 돼지기름인 '라드'를 넉넉히 써서 튀기듯이 구워 내요. 프라이팬에 기름을 넉넉히 넣고, 노릇노릇한 색으로 구우면 튀기듯이 구워지지요. 돈가스와 비슷하지만 튀김옷의 빵가루가 돈가스보다 잘고 얇아요. 레몬이나 오븐에 구운 감자, 소스 등을 곁들여 먹을 때가 많아요.

오스트리아

유럽의 동서남북을 잇는 '문화의 교차로'에 있어요. 합스부르크 왕가가 오랫동안 지배해, 수도 빈에서는 궁정 문화가 발달했지요.

송아지 고기로 만든 것을 '비너 슈니첼'이라고 해. 빈 사람들이 먹는 방식으로 만든 슈니첼이라는 뜻이지.

송아지는 값이 비싸서, 가정에서는 돼지나 칠면조 고기 등으로 많이 만들어.

자허토르테

토르테는 '케이크'라는 뜻이에요. 초콜릿이 들어간 반죽으로 만든 버터케이크 사이에 새콤달콤한 살구잼을 바르고, 주변을 초콜릿으로 굳히지요. 진한 초콜릿 맛이 나고, 포만감이 있어요.

빈에 있는 자허 호텔의 명물 케이크

혀를 산뜻하게 만들기 위해서, 설탕을 넣지 않은 생크림을 곁들여 먹어.

헝가리

유럽의 중앙에 있으며, 국토 대부분이 초원이에요. 아시아에서 온 민족이 만든 나라로, 문화적으로도 아시아의 영향을 받았어요.

붉은 파프리카와 사워크림으로 졸인
퍼프리카시

헝가리 요리는 맵지 않은 새빨간 파프리카를 많이 사용해요. '퍼프리카시'는 붉은 파프리카 가루와 사워크림으로 닭고기를 졸인 음식이에요. 사워크림은 생크림을 발효시킨 크림으로, 신맛이 나요. 그래서 고기도 산뜻하게 먹을 수 있지요. '걸루슈커'라는 헝가리의 파스타와 함께 먹을 때가 많아요.

파프리카

파프리카는 고추의 일종이야. 생으로 먹기도 하고, 건조시킨 뒤 가루로 만들어서 사용하기도 해. 헝가리에서는 18세기경부터 이용하기 시작해, 지금은 없어서는 안 되는 식재료가 되었어.

붉은색이 선명해서 예쁘다! 맵지 않은 파프리카라면 잔뜩 먹을 수 있겠어.

목동이 만든 스튜
구야시

쇠고기와 채소, 파프리카를 함께 졸인 헝가리의 대표 음식이에요. 9세기경, 사는 곳을 옮겨 다니며 소를 치던 목동들이 몸을 덥히기 위해 만들기 시작했다고 하지요. 지역에 따라 파스타를 넣거나, 사워크림을 넣기도 해요.

홍합을 백포도주로 찐
물 마리니에르

벨기에의 식문화는 네덜란드계 민족인 '플람스인'이 만들었다고 해요. 특히 북부에는 북해가 있어 홍합이나 굴, 청어 등 해산물이 많이 나지요. 그 때문에 '물 마리니에르' 같은 음식이 생겨났어요. 홍합을 냄비에 가득 넣고 백포도주를 듬뿍 부어 뚜껑을 덮고 쪄서 만들어요. 냄비째 테이블에 낼 때도 있지요. 벨기에 감자튀김인 '프리트'와 함께 먹을 때가 많아요.

마리니에르란 '바다의'라는 뜻이야. 어부들이 해변에서 만들었던 음식이 향토 음식으로 퍼진 거지.

벨기에
북해에 접해 있는 서유럽의 나라예요. 프랑스, 네덜란드, 독일 등에 둘러싸여 있어요. 네덜란드에서 독립해 생겨났지요.

간식
벨기에 와플
이스트를 넣어 폭신폭신하게 부풀린 반죽을 전용 프라이팬으로 구운 간식이에요. '펄 슈가'라는 굵은 알갱이의 설탕이 들어가고, 모양이 둥근 '리에주 와플'과, 단맛이 적고 바삭바삭하고 가벼운, 모양이 네모난 '브뤼셀 와플' 두 종류가 있어요.

귀여운 체크무늬가 특징

벨기에는 초콜릿이 유명해. 초콜릿 와플도 좋지!

영국
서유럽에 있는 섬나라예요. 잉글랜드, 스코틀랜드, 웨일스, 북아일랜드의 네 지방으로 이루어져 있어요.

흰살생선 튀김과 감자튀김
피시 앤드 칩스

한 접시에 소금으로 간을 한 생선 튀김과 감자튀김을 함께 담은 음식이에요. 주로 대구나 가자미 등의 흰살생선을 사용하지요. 영국에는 '피시 앤드 칩스' 전문점이 있고, 학교 급식에도 나와요. 맥주 안주로도 인기가 좋지요. 영국 요리는 재료의 맛을 즐기기 위해 소박하고 양념도 간단해요.

영국에서는 감자가 주식이며, 찌거나 구운 뒤 으깨어 '매시트 포테이토'로 만들어 매일 먹어.

감자튀김에는 '맥아 식초'를 뿌려 먹어. 보리로 만든 식초야.

홍차에 우유를 넣어서 마시는 방법이 일반적이래!

애프터눈 티

'영국인의 하루는 홍차로 시작하고 홍차로 끝난다'고 할 정도로, 영국인은 홍차를 좋아해요. 그 때문에 오후 3~4시경부터 과자나 케이크, 샌드위치 등과 함께 홍차를 즐기는 풍습이 있어요. 19세기의 귀족 여성들 사이에서 유행해 지금까지 이어져요.

넉넉한 홍차로 오후의 한때

쌀과 문어를 수프로 보글보글
아로스 드 폴보

포르투갈은 1인당 쌀 소비량이 유럽 1위예요. 밥 요리로는 쌀을 다진 양파와 함께 볶아 육수를 붓고 약한 불에서 끓인 '리소토'나, 여러 재료를 넣고 지은 밥이 있어요. '아로스 드 폴보'는 문어가 들어 있는 리소토지요. 그 외에도 끓여서 음식에 곁들이거나, 단맛을 더해 디저트로 만들기도 해요.

포르투갈
이베리아반도 남서부에 있어요. 2013년에 포르투갈을 포함한 7개국의 식문화가 '지중해 요리'로 유네스코 무형문화유산에 등록되었어요.

리소토는 육수에 쌀을 넣어 끓이는 점이 '죽'과 비슷해.

포르투갈어로 '아로스'는 쌀을 의미해.

말린 대구를 넣은 크로켓
파스테이스 드 바칼라우

잘게 찢은 말린 대구와 감자를 섞은 뒤 가늘고 길게 뭉쳐 기름에 튀겨요. 포르투갈에서는 대서양에서 잡힌 대구를 소금에 절여 말린 '바칼라우'를 많이 먹으며, 바칼라우를 이용한 요리가 300종류 이상이라고 해요. 요리할 때는 물에 담가 소금기를 빼고 나서 쓰기 때문에 지나치게 짜지 않아요.

러시아

아시아와 유럽을 하나로 묶어 '유라시아'라고 불러요. 러시아는 유라시아 대륙에 걸쳐 있는 세계 최대의 나라지요. 북극과 가까워, 겨울에는 무시무시하게 추워요. 그 때문에 몸을 덥히는 요리가 많아요.

신맛이 강한 쇠고기 스튜
베프 스트로가노프

얇게 자른 쇠고기를 양파나 버섯과 함께 볶고 '스메타나'로 양념한 음식이에요. 스메타나는 우유를 발효시킨 러시아의 사워크림으로, 여러 음식에 사용하지요. 우리나라의 간장이나 된장처럼, 러시아에서는 빼놓을 수 없는 조미료예요. 스메타나는 끓이면 신맛이 빠져 버리기 때문에, 마지막에 넣는 것이 포인트라고 해요.

귀족인 스트로가노프 가문에서 먹었던 데에서 이 이름이 붙었다고 해.

감자튀김을 곁들여 먹는 게 정식으로 먹는 방법이야.

폭신하고 쫄깃한, 소가 들어 있는 빵
피로시키

밀가루로 만든 반죽에 고기나 채소를 채우고 기름에 튀기거나 오븐에 구운 음식이에요. '피로시키'를 튀겨서 파는 곳도 많지만, 러시아에서는 구운 것이 많아요. 들어가는 소는 양배추나 버섯, 감자, 삶은 달걀 등 여러 가지예요. 고기가 없는 피로시키도 있답니다.

푹 끓인 붉은색 전통 수프
보르슈치

러시아와 가까워 식문화도 비슷해요. 러시아 음식으로 알려진 '보르슈치'는, 실은 우크라이나에서 만들어진 음식이에요. 적자색을 띤 뿌리채소 비트를 넣고 쇠고기나 채소를 졸인 수프로, 깊은 붉은색이 특징이에요. 우크라이나에는 50종류 가까이 되는 보르슈치가 있다고 해요. 우유를 발효시킨 사워크림 스메타나를 곁들여 먹는 점도 러시아와 비슷해요.

우크라이나
동유럽에 위치한 나라로, 동쪽에 러시아가 있어요. 흑토 지대라고 불리는 영양이 풍부한 땅과 온화한 기후 덕분에 밀 재배가 활발해요.

푹 끓인 비트는 식감이 말랑말랑해.

비트

비트는 설탕의 원료도 되는 사탕무와 비슷한 채소로, 단맛이 나. 보르슈치도 부드러운 단맛이 나는 수프지.

많은 소를 싸서 먹는
바레니키

우크라이나는 '유럽의 빵 바구니'라고 할 정도로 밀이 많이 나요. 빵이나 케이크 등 밀 요리가 많이 있지만, 그중에서도 '바레니키'가 전통적인 음식이지요. 밀가루로 만든 피에 고기나 감자, 치즈 등의 소를 싸서 끓는 물에 삶은 음식으로, 물만두와 비슷해요.

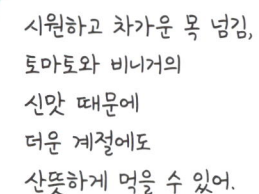

스페인

남유럽에 위치한 나라로, 이베리아반도의 대부분을 차지하고 있어요. 국토가 넓어서 지역마다 기후나 문화가 달라, 관광지가 매우 많아요.

토마토가 산뜻한 차가운 수프
가스파초

스페인 남부 안달루시아 지방은 태양이 뜨겁고 비가 적어요. 그 때문에 토마토 등의 생채소로 만드는 차가운 수프가 인기지요. 집집마다 김장하는 법이 다르다고 하는 것처럼, '가스파초'도 집집마다 만드는 법이 달라요. 보통 토마토, 오이, 피망, 양파 등이 들어가고, 식초의 일종인 '비니거'나 소금, 올리브 오일로 간을 해요. 채소를 전부 으깨서 '퓌레' 상태로 만든 종류와, 채소를 깍둑썰기로 작게 잘라 넣은 종류가 있어요.

> 지중해 요리에 빼놓을 수 없는 올리브 오일은, 스페인이 생산량 세계 1위야.

시원하고 차가운 목 넘김, 토마토와 비니거의 신맛 때문에 더운 계절에도 산뜻하게 먹을 수 있어.

발렌시아에서 생겨난 밥 요리
파에야

남동부의 발렌시아 지방은 벼농사가 활발해, 쌀을 이용한 음식이 많아요. '파에야'는 쌀과 새우, 오징어, 홍합 등의 어패류나 고기, 채소 등을 올리브 오일로 가볍게 볶은 뒤 육수를 넣어 지은 밥이에요. '사프란'이라는 향신료를 넣어서 노란색이지요.

없어서는 안 되는 보존 식품
소시지

독일은 겨울이 몹시 추워서 식재료가 부족해지기 쉬워요. 그래서 오랫동안 보존할 수 있는 음식이 많지요. 소시지도 그중 하나예요. 소금과 후추, 향신료 등으로 양념한 다진 고기를, 돼지 등의 내장에 채워 입구를 묶고 삶거나 찌거나 훈제하거나 말려서 오래가게 만들지요.

프랑크푸르트나 비엔나, 살라미 등 소시지도 종류가 많아.
피를 넣은 검붉은 소시지는 독일에서 옛날부터 먹었지.
한 마리의 돼지를 버리는 부분 없이 쓰기 위한 궁리야.

독일
유럽의 거의 중앙에 있어, 많은 나라에 둘러싸여 있어요. 성실하고 꾸밈이 없으며, 겉모습보다 내용물을 중요하게 여기는 문화가 있어요.

자우어크라우트

새콤한 양배추 절임
자우어크라우트

채소가 나지 않는 겨울에 대비해, 채소를 소금에 절이거나 식초에 절인 보존 식품이 있어요. '자우어크라우트'는 양배추를 소금에 절여 발효시켰지요. 소시지에 곁들여서 많이 먹어요. 소시지와 자우어크라우트를 빵에 끼워 먹는 것도 인기랍니다.

간식

바움쿠헨
'바움'은 독일어로 '나무', '쿠헨'은 '케이크'라는 뜻이에요. 긴 막대에 반죽을 얇게 감아 굽고 또 감아서 굽기를 여러 번 되풀이하다 보면, 자른 단면이 나이테 같은 무늬가 되지요.

나이테 무늬가 재미있는 케이크

노르웨이

스칸디나비아반도의 서쪽에 있는, 남북으로 길쭉한 나라예요. 북부는 북극권이라 오로라가 보이지요. 서부는 해안이 복잡하게 이어져 있고, 어업이 활발해요.

양념한 연어 회
그라브락스

노르웨이에서는 연어가 많이 잡혀요. 인공적으로 연어를 기르는 기술도 발달해서, 기생충이 없는 연어를 기르는 데 성공했지요. 그 덕분에 날것 그대로도 안전하게 먹을 수 있게 되었어요. '그라브락스'는 생연어를 소금과 좋은 향이 나는 '딜'이라는 허브, 레몬과 꿀로 만든 소스에 재워 한동안 맛이 배게 한 음식이에요.

며칠 동안 숙성한 그라브락스는 소금기가 적당하게 배어 있어.

얇게 잘라 빵에 얹거나, 삶은 감자와 함께 먹기도 해.

노르웨이에서 인기 있는 고기 요리
포리콜

노르웨이에서는 옛날부터 순록이나 엘크, 새 등의 야생 동물을 많이 먹었어요. 또 키우는 가축인 양이나 염소를 이용한 음식도 많지요. '포리콜'은 양고기와 양배추를 푹 끓인 음식이에요.

부드러운 고기 스튜
굴라시

체코의 레스토랑에 가면 반드시 나오는 음식이에요. 쇠고기, 양파, 파프리카, 감자 등을 이용해 만들 때가 많지요. 쇠고기가 흐물흐물 부드러워질 때까지 오랫동안 졸이는 게 맛있게 만드는 비법이에요. '굴라시'에 크네들리키를 찍어서 먹어요.

체코
바다와 접한 면 없이 유럽 중앙에 있는 나라예요. 동서로 길쭉하며 폴란드, 슬로바키아, 오스트리아, 독일에 둘러싸여 있어요. 기계와 자동차 생산이 활발해요.

체코 요리는 돼지고기나 감자를 이용해 포만감이 높은 것들이 많아.

양념은 간단하고 맛이 진해.

물이나 우유를 개어 만든 밀가루 반죽에, 감자나 잘게 뜯은 빵 따위를 섞어서 찌거나 데쳐. 그다음 먹기 쉽도록 얇게 잘라서 만든 빵이 크네들리키야.

소금에 절인 새콤한 양배추.

브람보락
감자를 갈아 얇고 둥글게 만들어 기름을 넉넉히 두르고 튀긴 간식이에요. '체코식 감자전'이라고도 해요. 겉은 바삭하고, 속은 쫄깃쫄깃하지요. 간식으로 먹거나 맥주 안주로 먹어요.

체코는 맥주 산지로 역사가 깊어. 어른들은 식사 대신 맥주를 마실 정도로 맥주를 좋아하지.

아이도 어른도 좋아하는 체코의 간식

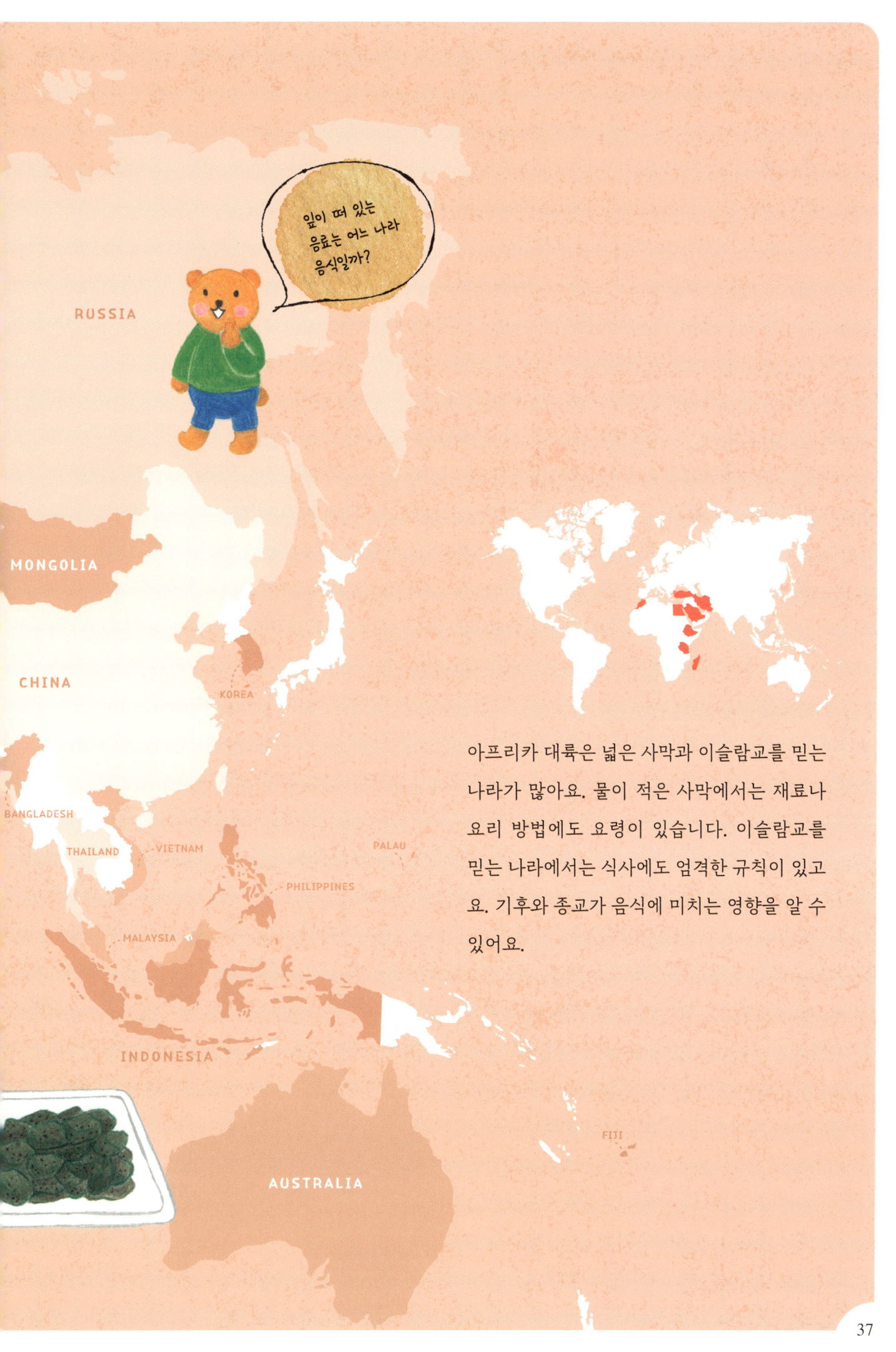

아프리카 대륙은 넓은 사막과 이슬람교를 믿는 나라가 많아요. 물이 적은 사막에서는 재료나 요리 방법에도 요령이 있습니다. 이슬람교를 믿는 나라에서는 식사에도 엄격한 규칙이 있고요. 기후와 종교가 음식에 미치는 영향을 알 수 있어요.

이란

서아시아에 있는 나라예요. 지역에 따라 열대에서 아열대까지 여러 가지 기후가 있어요. 7세기경부터 이슬람교가 퍼져, 그 문화의 영향이 강해요.

숯불에 노릇하게 구운 고기 꼬치구이
커밥

고기를 레몬즙, 양파, 소금 등에 재워 맛을 배게 해 구워 내요. 양고기가 많지만 쇠고기나 닭고기로도 만들지요. '첼로우'라는 버터 라이스를 곁들여 먹기도 해요. 이란에서는 양고기를 많이 먹는데, 가축으로 기르기 때문입니다. 이슬람교의 율법을 따르고 있어서 돼지고기는 먹으면 안 돼요.

첼로우

카타이프

이슬람교를 믿는 사람들은 한 달 동안 태양이 떠있는 시간에 식사하면 안 되는 기간이 있어요. 이를 '라마단'이라고 부르지요. 라마단 밤에 먹는 간식이 '카타이프'예요. 기름에 구운 반죽에 견과류 등을 넣고, 달콤한 시럽을 뿌려요.

라마단 밤의 즐거움

이란의 주식은 쌀과 난이야.
쌀은 길쭉하고
수분이 적어 포슬포슬해.
난에는 얇게 구운 것과
도톰한 것이 있어.

이란인이 가장 좋아하는 난
바르바리

이란에는 '난'이라는 몇 종류의 빵이 있는데, 특히 많이 먹는 종류가 '바르바리'예요. 두툼한 반죽을 커다란 화덕에서 폭신하게 구워요. 이걸 수프에 적시거나 반찬을 끼워서 먹지요. 만들려면 특별한 화덕이 필요해서 가정에서는 잘 만들지 않고, 전문점에서 사는 경우가 많아요.

고기를 이용한 여러 가지 케밥 요리
케밥

아다나 케밥

'케밥'은 튀르키예어로 '구운 고기 요리'라는 뜻이에요. 도네르 케밥은 얇게 자른 고기를 긴 막대에 여러 겹 감아 회전시키면서 구워요. 구운 표면을 칼로 깎듯이 잘라 먹지요. 아다나 케밥은 새끼 양의 다진 고기와 비계에 고추를 넣고 꼬치에 감아 굽지요. 이스켄데르 케밥은 도네르 케밥과 비슷하게 돌려 가며 구운 고기를 얇게 잘라, 빵과 토마토소스, 요구르트 등을 얹어 먹지요. 뜨거운 버터 소스를 뿌려 먹기도 해요.

도네르 케밥

튀르키예
아시아와 유럽 사이에 있는 나라예요. 옛날부터 동서양의 사람들이 오갔으며, 여러 가지 문화가 섞인 땅으로 번영해 왔어요.

튀르키예에는 여러 나라에서 식재료와 조리법이 전해졌어. 원래 있던 요리와 외국에서 들어온 요리가 서로 섞여, 지금의 튀르키예 요리가 되었지.

오스만 제국에서도 먹었던 파이

간식 바클라바
'필로'라는 얇은 반죽 사이에 피스타치오와 호두 등을 넣어 굽고, 달콤한 시럽을 뿌린 간식이에요. 옛날부터 먹었던 간식으로, 지금도 튀르키예를 중심으로 넓은 지역에서 먹어요.

밀, 고기를 넣어 푹 끓인 죽
케슈케크

결혼식이나 축제 등 특별한 때에 만들어 먹어요. 마을 사람들이 모여 전통적인 춤을 추거나, 노래를 부르면서 축제 분위기에서 만들지요. 2011년에 '케슈케크, 튀르키예의 전통 의식 요리'로 유네스코 무형문화유산에 등록되었어요.

모로코

아프리카 북서부에 있으며, 대서양과 지중해에 접해 있어요. 사하라 사막과 아틀라스산맥 등, 변화가 많은 자연에 둘러싸여 있어요.

독특한 모양의 뚝배기 요리
타진

타진 냄비를 이용해 만드는 음식 전체를 '타진'이라고 해요. 타진 냄비는 끝이 뾰족한 모자 같은 모양의 뚜껑이 특징이지요. 양고기, 닭고기 등의 고기와 병아리콩 등의 콩류, 말린 자두와 포도, 올리브 열매, 사프란과 커민 등의 향신료를 조합한 재료를 냄비에 천천히 쪄서 끓여요. 냄비 뚜껑에는 구멍이 없어서, 안쪽에 김이 고여 맛이 달아나지 않아요.

민트 차

민트는 상쾌한 맛과 향이 나는 허브예요. 싱싱한 민트 잎과 녹차를 찻주전자에 넣고, 뜨거운 물과 설탕을 듬뿍 넣지요. 잔에 민트와 설탕을 넣고, 그 위로 뜨거운 녹차를 붓는 방법도 있어요.

타진 냄비를 사용하면 재료의 수분만으로 요리할 수 있어. 물이 적은 사막 사람들이 생각해 낸 삶의 지혜지.

입안이 상쾌해지는 차

쿠스쿠스를 사용해서 만든 요리 전체를 쿠스쿠스라고 해.

쌀알 모양의 파스타
쿠스쿠스

커다란 알갱이에서부터 작은 알갱이까지, 여러 가지 '쿠스쿠스'가 있어요. 건조시킨 쿠스쿠스를 쪄서, 약간의 소금과 버터를 섞어 다시 한 번 쪄요. 그리고 수프를 끼얹어 먹지요. 모로코에는 쿠스쿠스 전용 냄비가 있어요. 2단으로 되어 있어, 아래쪽 단에서 수프를 끓이면서 위쪽 단에서 쿠스쿠스를 찌지요.

향신료를 넣은 누에콩 크로켓
타미야

건조시킨 누에콩을 물에 불려 으깨고, 고수와 양파, 향신료를 섞어 뭉친 반죽에 흰깨를 묻혀 기름에 튀긴 음식이에요. '에이시'를 반으로 잘라, 채소 등과 함께 끼워서 먹어요. 이집트는 이슬람교의 나라지만, 고대 이집트부터 전해져 오는 기독교 분파인 콥트교를 믿는 사람도 있어요. 콥트교에서는 크리스마스나 부활절 등에는 고기를 먹지 않아요. 그 때문에 콩을 이용한 음식이 많이 생겨났어요.

이집트
아프리카 대륙 북동부에 있는 나라로, 지중해와 홍해에 접해 있어요. 기원전 3000년경부터 세계 4대 문명 중 하나인 이집트 문명이 발달했어요. 피라미드가 유명해요.

바스부사
밀가루에 버터, 우유, 달걀, 오렌지 향료 등을 섞어 오븐에 구운 케이크예요. 견과류로 장식하고 시럽에 적셔 먹지요. 이집트를 비롯한 중동에서는 설탕을 듬뿍 사용한 단 과자나 음료가 인기예요.

달콤한 시럽이 입안에 배어든다.

많은 콩 요리 중에서도, 타미야는 먼 옛날부터 있었던 전통 음식이야.

폭신하게 부푼 둥근 모양의 빵
에이시

이집트에서 빼놓을 수 없는 빵이에요. 빵집뿐만 아니라 시장이나 길모퉁이 등 여러 곳에서 팔고 있지요. 빵 반죽이 공기로 부풀어서 안이 비어 있어요. 반으로 가르면 주머니처럼 되기 때문에, 빈 공간에 여러 가지 속을 넣어 먹어요.

사우디아라비아

아라비아반도의 70%를 차지하고 있어요. 세계 제일의 석유 대국이지요. 국토 대부분이 사막이라 작물이 잘 자라지 않아요. 이슬람교를 믿는 사람들이 살고 있어요.

사막에 사는 사람들은 '유목'이라고 해서 가축의 먹이가 되는 풀이나 물을 찾아 이동하면서 생활해. 사우디아라비아의 요리는 유목민의 요리가 바탕이 되었지.

무함마드가 좋아하는 수프
타리드

무함마드는 이슬람교를 창시한 인물로, 이슬람 사람들에게는 특별하고 소중한 존재예요. '타리드'는 고기 또는 채소와 병아리콩으로 만든 수프에 작게 자른 빵 조각을 넣은 음식이에요. 이슬람교에서는 돼지고기를 먹지 않아서, 고기를 넣을 때에는 양고기나 쇠고기를 써요.

캅사에는 시나몬, 커민, 소두구 등 많은 향신료가 들어가.

사우디아라비아의 국민 음식
캅사

채소와 향신료를 넣어 지은 밥에, 뼈에 붙은 고기를 얹은 음식이에요. 쌀은 길쭉하고, 조금 포슬포슬하지요. 건포도나 견과류를 뿌려서 먹기도 해요. 사우디아라비아인은 축하할 일이 있을 때는 반드시 다 함께 '캅사'를 먹지요.

코코넛 밀크의 부드러운 맛
라비토토

잘게 다진 '카사바' 잎과 코코넛 밀크로 돼지고기를 푹 끓인 음식이에요. 돼지고기 대신 말린 생선이나 작은 새우를 이용할 때도 있지요. 카사바는 마다가스카르를 대표하는 식재료예요. 열대의 혹독한 기후에서도 자라는 튼튼한 식물로, 뿌리를 감자처럼 먹지요. 잎에도 영양분이 있어요.

카사바

마다가스카르
아프리카 대륙의 동쪽, 인도양에 있는 섬나라예요. 아프리카와 아시아의 문화가 섞이고, 거기에 프랑스의 문화가 더해졌지요.

약간의 반찬으로 많은 밥을 먹는 것이 마다가스카르인의 힘의 원천이지.

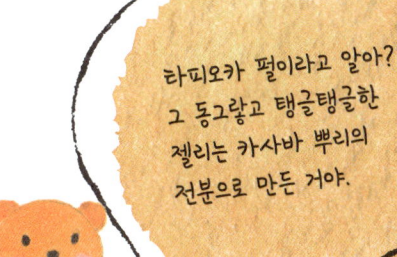

라피오카 펄이라고 알아? 그 동그랗고 탱글탱글한 젤리는 카사바 뿌리의 전분으로 만든 거야.

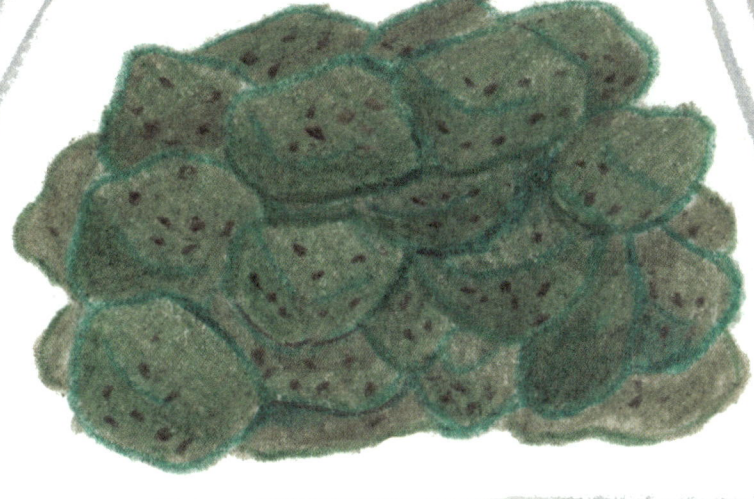

경단이 들어 있는 죽
바리 아미나나나

마다가스카르는 벼농사가 활발해서, 아프리카에서 가장 많은 쌀이 나요. 사람들의 주식도 쌀이지요. 마다가스카르에서는 밥을 '바리'라고 해요. 고기, 채소와 함께 푹 끓여서 죽처럼 만들어 먹기도 하고, 여러 가지 반찬의 국물을 끼얹어 먹기도 해요.

탄자니아
중앙아프리카 동부에 있으며, 인도양에 접해 있어요. 세계에서 가장 높은 산인 킬리만자로 산과 초원 지대인 사바나가 있어요.

바나나가 들어 있는 탄자니아식 고기 감자 조림
마차라리

고기나 감자와 함께 바나나를 끓인 음식이에요. 익기 전, 초록색을 띤 달지 않은 바나나를 사용하지요. 요리용 바나나는 딱딱하기 때문에 그대로는 먹을 수 없고, 삶거나 기름에 튀기거나 쪄서 먹어요. 푹 끓인 바나나는 부드러워서 감자 같아요.

> 탄자니아에서는 바나나가 주식 중 하나야. 과일로 먹기보다 요리 재료로 더 많이 사용해.

> 달지 않은 바나나라니 느낌이 이상하네. 어떤 맛과 향이 날까~?

재료를 듬뿍 넣은 향신료 수프
우로조

'우로조'는 탄자니아의 바닷가 쪽에서 부르는 이름이에요. 내륙에서는 '잔지바르 믹스'로 불리지요. 향신료를 넣은 수프에 감자와 구운 고기, '바지아' 등 여러 가지 재료가 들어가요. 바지아는 인도에서 처음 만들어진 튀김이랍니다.

기온이 낮은 고원에서도 몸이 따끈따끈
도로 왓

'도로'는 에티오피아 말로 '닭고기', '왓'은 '반찬'이라는 뜻이에요. 닭고기와 삶은 달걀을 '베르베르'라는 향신료로 푹 끓인 음식이지요. 베르베르는 고추에 여러 가지 향신료를 섞어, 매운맛이 나는 향신료예요. 에티오피아에는 많은 향신료가 있지만 그중에서도 베르베르는 빼놓을 수 없는 향신료로, 여러 왓에 사용해요.

에티오피아
아프리카 대륙 동부에 있어요. 바다와 접하지 않고, 국토 대부분이 고원이지요. 다른 땅에서 사람이 들어오기 어려워 독특한 문화가 있어요.

아라비아반도가 가까워서, 아라비아에서 여러 가지 향신료가 전해졌어.

반찬을 싸서 먹는 얇은 빵
인제라

벼의 친척인 '테프'라는 식물의 씨를 갈아서 발효시킨 반죽을 크레이프처럼 철판에 펴서 구워요. 표면에 구멍이 뽕뽕 뚫려 있고, 약간 신맛이 나지요. 에티오피아에서는 '인제라'와 반찬을 둘러싸고, 모두가 둥글게 앉아 식사를 해요.

인제라를 뜯어서 상대의 입에 넣어 먹여 주는 것이, 사이가 좋다는 증거래.

테프

아메리카

캐나다 P.48

평소에 흔히 볼 수 있는 음식도 있네!

미국 P.49

멕시코 P.50

브라질 P.52

페루 P.53

아메리카는 세 개의 대륙으로 나뉩니다. 북반구의 북아메리카, 적도에 가까운 중앙아메리카, 남반구의 남아메리카지요. 대륙마다 기후와 문화가 달라요. 원주민의 문화와 나중에 들어온 유럽인이나 아시아인의 문화가 섞여서 독자적인 문화나 음식을 만들어 낸 나라도 있답니다.

캐나다

세계에서 두 번째로 큰 나라로, 북아메리카에 있어요. 넓은 평야와 로키산맥, 호수와 강 등 자연 환경이 다양해서 여러 가지 식재료가 많아요.

> 캐나다의 식생활은 미국과 비슷해. '캐나다 요리'라고 말할 수 있는 것은 적지만, 퀘벡에는 푸틴을 비롯해 독특한 음식이 있지.

퀘벡에서 전국으로 퍼진 간식
푸틴

감자튀김에 '그레이비소스'와 '체다 치즈'를 뿌린 음식이에요. 그레이비소스는 고기를 구울 때 나오는 육즙에 소금, 후추 등으로 간을 하고 바짝 조려 끈적하게 만든 소스이지요. 동부 퀘벡에서 태어난 음식이지만, 지금은 전국에서 패스트푸드로 먹어요. 퀘벡은 프랑스인들이 많이 정착해 산 지역으로, 현지의 식재료를 프랑스식으로 변화시킨 '퀘벡 요리'가 많이 생겨났어요.

> 국기를 자세히 봐. 한가운데에 설탕단풍나무의 잎이 그려져 있어.

간식
그랑페르 당 르 시로

'시럽 속의 할아버지'라는 뜻이에요. 밀가루와 우유로 만든 경단을 메이플 시럽으로 끓여서 만드는 음식이지요. 캐나다에는 메이플 시럽을 사용한 음식이 많아요. 메이플 시럽은 설탕단풍 나무에서 얻을 수 있는 달콤한 수액을 졸여 만들어요. 설탕단풍 나무는 캐나다를 대표하는 나무지요.

캐나다의 겨울에 딱 어울리는 따뜻한 간식

전 세계에서 먹는 패스트푸드
햄버거

미국
50개의 주로 이루어진 커다란 나라예요. 전 세계에서 이주해 온 이주민과 옛날부터 이 땅에 살았던 원주민이 있어 여러 문화가 섞여 있지요.

햄버그와 채소 등을 번이라는 둥근 빵에 끼운 '햄버거'는, 미국에서 세계로 퍼진 음식이에요. 미국은 역사가 짧은 나라로, 미국다운 문화를 만들기 위해 노력했어요. 그런 노력 가운데 생겨난 음식이 패스트푸드예요. '패스트'는 영어로 '빠르다'는 뜻이에요. 싸고 빠르게 먹을 수 있는 것이 매력이지요.

우리나라에서도 인기 있는 햄버거. 고기도 채소도 빵도 한꺼번에 먹을 수 있어 간편하고 좋다.

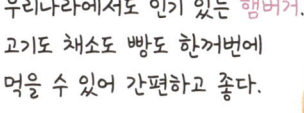

브라우니

미국에서는 엄마가 만들어 주는, 소박한 수제 간식이 인기예요. '브라우니'는 그 대표적인 간식이지요. 촉촉한 초콜릿 케이크에 호두가 들어 있어, 오독오독한 식감이 즐거워요.

호두가 들어 있는 초콜릿 케이크

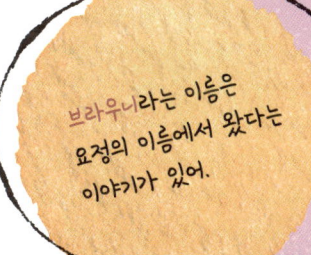

브라우니라는 이름은 요정의 이름에서 왔다는 이야기가 있어.

조개의 맛이 배어난 크림수프
클램 차우더

북동부의 6개 주로 이루어진 뉴잉글랜드 지방의 음식이에요. 17세기 초반에 영국에서 건너온 이주민과 원주민의 요리가 만나 태어났어요. 바지락 등의 조개와 양파나 감자 등의 채소를 푹 끓인, 끈적한 크림 맛의 수프지요. 뉴욕의 맨해튼 식은 토마토 맛이에요.

멕시코

북쪽에 미국이 있어요. 1년 내내 더운 멕시코만, 따뜻하고 지내기 편한 중부, 여름과 겨울의 차이가 큰 북부 등 기후가 여러 가지예요.

푸른 고추가 든 '살사 베르데'라는 녹색 소스를 끼얹어서 먹어도 맛있어.

옥수수 반죽에 무엇이든 싸서 먹는
타코

멕시코 요리의 기본 재료는 옥수수로, 여러 음식에 사용해요. 옥수수 가루와 석회를 머금은 물로 만든 반죽을 '마사'라고 해요. 이 마사를 얇게 구운 '토르티야'는 주식 중 하나지요. 여기에 고기와 채소 등의 재료를 싸서 먹는 것이 '타코'예요. 토르티야를 이용한 음식은 많이 있고, 멕시코인은 매일 옥수수 요리를 먹어요.

콩과 고추를 이용한 멕시코다운 음식
칠리 콘 카르네

멕시코 요리는 콩을 많이 사용해요. 탕 요리로 만들거나, 삶아서 으깬 후 향신료와 함께 볶는 등, 여러 가지 종류가 있지요. '칠리 콘 카르네'는 콩과 고기로 만든 스튜예요. 고추의 풍미가 살아 있지요. '칠리'는 고추를 뜻하는데, 멕시코에는 70종류 이상의 고추가 있어요.

매운맛과 향이 풍부한 닭고기 요리
저크 치킨

닭고기를 저크 소스에 재워서 구운 음식이에요. 저크 소스는 많은 허브와 향신료가 들어 있는 소스지요. 닭고기 외에 돼지고기나 어패류로 만들 때도 있어요. 자메이카에서는 다양한 재료를 넣고 지은 밥이나 양념해서 볶은 밥 등, 쌀을 많이 먹어요. '저크 치킨'도 밥과 함께 접시에 담아 먹을 때가 많지요.

자메이카
멕시코만 남동부에 펼쳐져 있는 카리브해에 있는 섬나라예요. 유럽과 아프리카, 인도 등에서 여러 문화가 전해졌어요.

자메이카 하면 저크 소스라고 할 정도로 유명해. 맵기만 한 것이 아니라 감칠맛, 허브의 상큼함이 있어.

자메이카의 아침에 빼놓을 수 없는 반찬
아키 아 살피시

소금에 절인 대구와 과일인 '아키'를 볶은 음식이에요. 아키는 달지 않은 노란색 과일로, 자메이카 여기저기에서 식재료로 팔리고 있어요. 익은 아키를 소금물에 데쳐서 볶으면 스크램블 에그처럼 보이지요. 아키는 독특하고 진한 맛과 향이 있어요.

아키

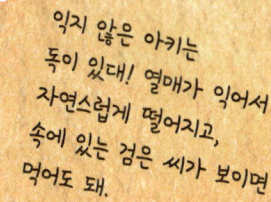

익지 않은 아키는 독이 있대! 열매가 익어서 자연스럽게 떨어지고, 속에 있는 검은 씨가 보이면 먹어도 돼.

브라질

남아메리카 대륙의 약 절반을 차지해요. 서부는 아마존강이 흐르는 열대 우림 지역으로, 원주민 문화가 강하지요. 중동부에는 고원이 펼쳐져 있고, 이주민이 많아요.

커다란 고기 덩어리를 숯불에 호쾌하게
슈하스코

소나 양 등의 고기에 소금을 묻히고 꼬치에 꿰어 숯불에 구운 음식이에요. 구운 표면을 잘라 내며 먹어요. 약한 불에 시간을 들여 천천히 굽기 때문에, 익어도 속은 계속 빨갛지요. 이렇게 구우면 육즙이 빠지지 않아 부드럽고 맛있어요. 지금은 나라를 대표하는 음식이지만, 원래는 브라질 남부의 목초 지대에서 퍼졌다고 해요.

양념은 소금뿐.
쓸데없는 양념을 하지 않기 때문에
꼭꼭 씹을수록 고기의 맛이
배어 나와.

 간식

팡 지 케이주

'만조카 가루'를 섞어 만드는 쫄깃쫄깃한 빵이에요. 가정마다 만드는 방법이 다르고, 쫄깃쫄깃한 정도가 다르지요. 커피나 우유와 함께 간식으로 먹을 때가 많아요. 만조카 가루는 카사바라는 식물의 뿌리로 만든 전분이에요.

풍미가 좋은 부드럽고 쫄깃쫄깃한 치즈 빵

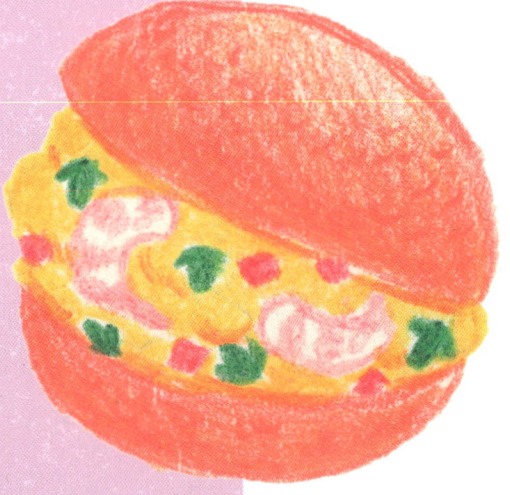

노점에서도 파는 콩으로 만든 간식
아카라제

콩을 으깨서 만든 반죽을 둥글고 평평하게 해서 야자 기름으로 노릇하게 튀긴 음식이에요. 소스를 끼얹거나, 튀긴 새우나 채소를 곁들여 먹기도 하지요. 간식이나 맥주 안주로 먹어요.

페루에서는 흔한 중국식 반찬
로모 살타도

페루에는 중국을 비롯해 아시아에서 온 이민자가 많아요. 그 영향을 받은 음식도 많은데, 이 음식도 그중 하나예요. 쇠고기, 토마토, 양파, 튀긴 감자를 함께 볶은 음식으로, 하얀 쌀밥에 반찬으로 먹지요. 페루에서는 감자와 쌀, 옥수수를 주식으로 많이 먹어요.

페루
남아메리카 대륙의 북서부에 있어요. 남북으로 뻗은 안데스 산맥에서는 옛날에 잉카 제국이 번성했지요. 지금도 원주민이 많이 살고 있어요.

고추를 쓰지 않는 부드러운 양념은 중국 남부 광둥성 지방의 광둥요리에 가까워.

아로스 콘 레체
쌀을 우유에 끓여 설탕과 바닐라 에센스, 시나몬을 더한, 끈적끈적한 간식이에요. 차갑게 해서 건포도를 뿌려 먹지요. 연유를 넣어 더 달게 먹는 사람도 있어요.

우유 향도 달콤한 쌀 디저트

추운 안데스 산지에서도 건강하게 지낼 수 있는 수프
소파 데 차이로

높은 안데스산맥에서 사람들이 자주 먹는 건더기가 많은 수프예요. 해발 3000~4000미터나 되는 안데스는 1년 내내 기온이 낮고, 농작물이 잘 자라지 않아요. 그래서 한 번에 많은 영양을 섭취할 수 있고 몸이 따뜻해지는 수프는 안성맞춤의 음식이었지요.

아르헨티나

남아메리카 대륙 남부의 대부분을 차지해요. 스페인과 이탈리아 등에서 여러 유럽 문화가 전해졌어요. 이과수 폭포라는 세계 최대의 폭포가 있어요.

밀라노식 쇠고기 커틀릿
밀라네사

얇게 자른 쇠고기에 튀김옷을 입히고, 넉넉한 기름에 튀기듯이 구워요. 이탈리아에서 온 이민자가 전한 음식이에요. '밀라네사'란 '밀라노식'이라는 뜻이지요. 토마토소스를 끼얹으면 나폴리식의 '나폴리타나'가 돼요. 밀라노도 나폴리도 이탈리아의 도시 이름이에요.

알파호르

두 장의 부드러운 비스킷 사이에 우유와 설탕을 졸여서 캐러멜처럼 만든 잼, '둘세 데 레체'를 끼운 간식이에요. 겉면에 코코넛이나 설탕을 묻혀요.

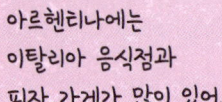

아르헨티나에는 이탈리아 음식점과 피자 가게가 많이 있어.

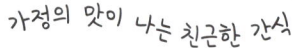

가정의 맛이 나는 친근한 간식

여러 종류의 고기를 모은
파리야다

아르헨티나에서는 낮이나 밤이나 고기 요리가 중심이에요. '파리야다'는 '파리야'라는 철망 위에 쇠고기, 닭고기, 양고기의 여러 부위를 구워서 먹는 음식이에요. 밤 10시경부터 느긋하게 시간을 들여 저녁을 먹는 습관이 있대요.

항구 도시에서 인기인 어패류가 듬뿍 든 수프
파일라 마리나

칠레 전체로 말하면 고기를 먹을 때가 많지만, 태평양 연안에는 어시장이 늘어서 있고 어패류를 파는 레스토랑도 많이 있어요. 항구 도시에서는 반드시 메뉴에 있는 수프지요. 홍합과 바지락 등의 조개류와 생선, 게 등 여러 가지 해산물이 들어 있어 감칠맛이 가득 느껴져요. 해초나 성게를 넣을 때도 있지요. 대구와 비슷한 흰살생선 '메를루사'는 칠레에서 가장 인기 있는 생선이에요.

칠레
남아메리카 남서쪽에 있는 남북으로 길쭉한 나라예요. 서쪽은 긴 해안이 태평양에 접해 있고, 북쪽은 사막, 남쪽은 남극과 가깝지요. 그 때문에 다양한 기후가 나타나요.

신선한 어패류로 만드는 수프는 여행자에게도 인기가 좋아. 항구 도시에 부는 바닷바람의 냄새가 식사를 더욱 맛있게 만들지.

남부 칠로에섬의 전통 음식
쿠란토

어패류와 소시지나 고기, 당근 등을 푹 끓인 음식이에요. 칠레에서는 점심이 하루 식사의 중심이라서, 사람들은 점심을 든든하게 먹어요. 빵에 고기나 생선 등을 주로 먹고, 감자나 파스타, 쌀 등을 곁들여서 먹는 게 보통이에요. 저녁에 간식을 먹는 '온세'라는 습관이 있으며, 저녁 식사는 간단하게 끝내요.

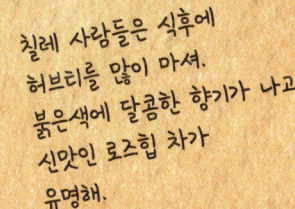

칠레 사람들은 식후에 허브티를 많이 마셔. 붉은색에 달콤한 향기가 나고 신맛인 로즈힙 차가 유명해.

모두가 좋아하는 세계의 만두

고기와 채소 등의 소를 얇은 피로 싼 만두는 세계 각국에 비슷한 음식이 많이 있습니다. 각 지역의 특징이나 문화를 받아들여 모양과 조리법이 진화한 만두들을 살펴보아요!

싸는 방법에도 여러 가지가 있나 봐!

중국
교자
다진 고기, 새우, 당면, 목이버섯 등 많은 소가 들어 있는 삶은 만두예요. 간장이나 식초에 찍어 먹어요.

우크라이나
바레니키
고기와 감자, 치즈, 과일 등의 소를 싸서 삶은 음식이에요. 사워크림이나 구운 양파와 함께 먹어요.

튀르키예
만트
양이나 소의 다진 고기를 작게 자른 반죽으로 싼 한입 크기의 만두예요. 취향에 따라 요구르트가 들어 있는 마늘 소스나 토마토소스를 끼얹어요.

네팔
모모
쇠고기, 닭고기, 채소를 소로 넣는 것이 일반적이며, 찌거나 삶거나 튀겨서 먹어요. 채식주의자 용으로 고기가 들어 있지 않은 것도 있어요. 토마토, 깨, 땅콩 등의 소스를 끼얹어요.

폴란드
피에로기
폴란드의 만두는 다진 고기, 양배추, 버섯으로 만든 소가 일반적이지만 딸기나 블루베리 등의 과일을 싼 달콤한 피에로기도 인기예요. 크리스마스이브 식사에 나오는 전통적인 음식이지요.

글 마츠모토 리에코

오사카대학교 문학부에서 공부했습니다. 중학교와 고등학교에서 아이들을 가르쳤어요.
다양한 주제에 대해 글을 쓰고 있습니다. 최근에는 전문학교에서 논문 지도도 하고 있어요.

그림 다케나가 에리

여행이 취미예요. 최근에는 일본뿐 아니라 해외에서도 개인전과 워크숍을 개최했어요.
많은 사람에게 친근한 그림을 그리는 일러스트레이터입니다.

옮김 김소연

일본 문학 전문 출판기획자 및 번역가로 활동하고 있어요.
옮긴 책으로 〈엄마가 미운 밤〉, 〈그 소문 들었어?〉, 〈졸려 졸려 크리스마스〉 등이 있습니다.

세계의 음식 퀴즈

어떤 음식이 있었는지 기억나?

양이나 소의 어떤 부위를 사용한 음식이야.
어떤 부위일까?

정답은 P.8

생선과 감자로 만드는 크로켓 같은 음식.
이 음식에 사용하는 생선은 뭐였지?

정답은 P.29

이 냄비의 이름은 뭘까?

정답은 P.40